Elena Jedaite

Niemandsland

Gedichte

Impressum

© 2015 Elena Jedaite
Umschlag, Illustration: Javarman Javarman,
Stockfoto #13149350
http://de.123rf.com/photo_13149350_grunge-
floral-background-mit-platz-f-r-text-oder-bild.html

Verlag: tredition GmbH, Hamburg

ISBN
Paperback   978-3-8495-9719-1
Hardcover   978-3-8495-9720-7
e-Book   978-3-8495-9721-4

Printed in Germany

Inhaltsverzeichnis

In Sachen Liebe

Januarstürme

Ich verlasse dich, wenn es schneit
auf Dächer, Brücken und Türme,
wenn du schläfst und nicht einmal weißt,
wer du bist, wie du eigentlich heißt -
in dem Weiß der Januarstürme.

Du verlässt mich, bevor es geschieht,
wenn die Brandung sich deiner bemächtigt
und du selbst nicht mal ahnst,
wie der Abschied mir wehtut,
wenn du mich ohne Worte verlässt.

Doch ich weiß, dass du irgendwo umkehrst,
weil du heimlich den Winter herbeisehnst,
weil du glaubst, dass ich leise gestehe:
Ich werde doch nie von dir gehen,
wenn du neben mir friedlich einschläfst,
um bei Januarstürmen zu träumen,
wenn der Himmel sich wölbt und auftut,
wenn es schneit
auf Dächer, Brücken und Bäume.

Ein Walzer vor Mitternacht

Es freut mich, dass es einfach ist zu fliehen,
dass diese Nacht mir nur geliehen ist,
dass Augenblicke leicht verfliegen
und der Flieder bald verblüht.

Was wäre, wenn die Ewigkeit uns bannen würde?
Dann wären Träume kein Geschenk, nur eine Last.
Der Schwung verleiht den Dingen
diesen Walzerklang,
was sich verhärtet, sich nicht auflöst – ist Ballast.

Die Welt ist rund durch Gottes Gnade,
und alles schwingt und ändert die Gestalt.
Wir wandern in dem Kreis, und es ist schade,
wenn jemand Abschied nimmt und sagt:
„Ich komme bald ...“

Es ist nicht wahr, und unsre kleinen Lügen
verfangen sich im eignen Netz.
Es ist nicht fair, denn jemand leidet,
denn jemand ist durch uns verletzt.

Das wollen wir doch nicht!
Wir wollen nur genießen -
„Es war so wunderschön,
der Tanz ist bald zu Ende ...“
Das sagten sie uns zärtlich, als sie gingen,
als sie uns diesmal, wieder mal verließen.

Herbstliche Romanze

Der Oktober ist milder denn je.
Er beschert uns die Pracht
seiner herbstlichen Farben
und verleiht deinen Küssen im Wind herben Hauch.
Morgen früh bist du fort,
und die Zukunft belohnt
irgendwann langes Warten.
Morgen früh ist die Welt wieder einsam wie je.

Diese Bäume sind sicher Jahrhunderte alt,
das Gedächtnis der alten Eichen
verewigt in Rinde das kostbare Glück,
das wir heute so großzügig teilen.
Deine Stimme verfängt sich im Wind,
und im Reigen fallender Blätter
kreist der Himmel um dein Gesicht.
Heute wäre die Welt noch zu retten!

Ich atme die kühlende herbstliche Luft,
um die Glut deiner Hände zu bannen.
Morgen früh bist du fort.
Ich verzichte darauf,
dich schon heute dafür zu verdammen.

Du sagst: „Dieser Herbst tut mir unendlich weh!"
Ich sage: „Wieso? Der Oktober ist milder denn je."
Ich koste den Abschied auf deinen Lippen
und sage: „Dein Kuss schmeckt etwas bitter!"

Du meinst: „Unser Leben brennt an, meine Liebste!
Du schmeckst den verdammten Rauch!"

„Ich liebe den Herbst in deinen Küssen,
ich liebe den herrlichen, herben Hauch!"

Der Himmel rückt näher, um uns zu empfangen …
Morgen früh bist du fort,
ich verzichte darauf,
dich schon heute dafür zu verdammen.

Die Fliederelegie

Es duftete herrlich nach Frühling, nach Wonne.
Der Tag war so sanft, beschwingt und sonnig.
Der Fliederbusch strömte süße Wogen,
die Sinne berauschend zum Himmel stiegen.
Das hat uns letztendlich bewogen zu schweigen.
Wir schwiegen. Wir wussten, warum
wir in Eintracht entschieden,
der Sonne entgegen den Berg zu besteigen.

Es war nicht verwunderlich, gar nicht seltsam,
dass wir uns beiden, der Welt zuliebe,
den nahenden Abschied verschwiegen.

Der Tag war zu schön für bittere Worte,
wir mussten auf kommenden Regen warten,
wir mussten die Trauer, die Tränen der Liebe
auf Wolkenbruch, Schauer und Nebel verschieben.

Es duftet so herrlich nach Flieder, nach Wonne,
wir frönen der Stille, dem Frieden, der Sonne,
weil es nicht fair ist, den Frühling zu schmähen,
wenn uns die sanftesten Winde umwehen.

Wir stiegen zum Gipfel der Sonne entgegen,
warteten schweigend und sagten dann freundlich:
„Hier endet der Pfad, hier trennen sich Wege,
die Wolke da drüben bringt sicher Regen …"

Ein Dankschön an Maestro

Ich danke Ihnen für die Blumen, mein Maestro,
sie dufteten so schön und waren nie für mich.
Ich danke Ihnen für den Mondschein
an dem weißen Strand,
für Ihre Verse in dem warmen Sand.
Zu schade, dass Sie nie dabei gewesen sind,
als wir uns leidenschaftlich küssten,
sonst wüssten Sie, wie sehr ich Ihnen dankbar bin
für alle Dinge, die´s nie gab,
für jedes Wort, das keiner sagte,
für alles, was nie jemand tat,
und keiner jeweils wagte.

Und weil es all die Dinge niemals gab,
gibt´s keine Tränen zu vergießen.
Da wir uns weder hassten noch verließen,
genieße ich die Wohltat meiner Träume,
den Segen ungetrübter Freude.
Es gibt nichts zu vergessen.
Es gibt nichts zu versäumen.

Die Welt verdreht sich nicht in ihrer Bahn
und keiner stürzt sich in den Wahn,
denn keiner sehnt sich nach verschmähten Küssen
und heult in einsamer Verzweiflung
in das bereits durchnässte Kissen.

Die lichterlohen Flammen bleiben aus,
kein Brief, kein liebevolles Wort wird je zu Asche.

Kein Höllengeist eilt schadenfroh herbei
zum Henkersmahl verheißungsvoller Träume.
Es gibt nichts zu verzeihen,
es gibt nichts zu bereuen,
denn jeder weiß, dass Meere
ohne Wind nicht schäumen.

Hier wird das Ende ohne Anfang zelebriert,
der Reiz der ungesagten Worte,
Erinnerung, die keinem wehtut,
die keiner schmäht und keiner hortet.
Willkommen in dem Tempel unversehrter Träume,
hier thront die Sehnsucht
im Gemach aus tausend lichten Räumen!
Nirgendwo genießt die Freiheit mehr Volumen,
und am Altar der unverbrauchten Zärtlichkeit
duftet es nach nie verblühten Blumen.

Sie ahnen sicher nichts davon,
dass Ihr Phantom bei Nacht
in meinem Garten Kirschen nascht.
Sind Sie, Maestro, wahrhaft überrascht?
O ja, bei Vollmond geistern Sie
vergnügt durch meinen Traum.
Und wenn der Übermut Sie packt,
so klettern wir gemeinsam
auf den höchsten Baum!

Sie haben mich noch nie geliebt,
noch nie verehrt und nie begehrt.
So seien Sie dafür gesegnet!

Oh, habe ich das je erwähnt? -
Wir sind uns hier im wahren Leben
bedauerlicherweise oder Gottlob
nie begegnet.

Italienische Romanze für Saxophon

Die verheerende Kraft seiner Worte!
Sie wüsste sein Schweigen zu schätzen.
Der Regen trommelt ihm nach, als er fortgeht.
Zerrissene Briefe, die Fetzen,
reißt der Wind durch das offene Fenster hinaus.
Wenn sie traurig ist, träumt sie nie aus …

Draußen weiß er –
sie wartet ganz sicher, sie wacht …
Die Laternen beleuchten die feuchte Nacht.
Nicht von Abschied lebt diese Romanze –
von Spannung
zwischen Kommen und Gehen, und taub
sind die Wände und Nachbarn, die wissen,
die Koffer der Liebenden fangen nie Staub.

Irgendwo in dem Nachtlokal unten
stöhnt ein heiseres Saxophon …
Ihre Wehmut ersehnt das Zeichen –
Sie lauscht nach und ist selig –
das betörende Klingeln vom Telefon!

Solo für Kontrabass grave

Die Liebe, die nicht sein darf, sprießt in Dornen,
ist aber keine Rose.
Die Rosen brauchen Licht, um zu erblühen.
Geboren als die Muse des Poeten
und dann verraten und der Finsternis geweiht,
schlägt sie im Dunkeln ihre Wurzeln
und reift im Schatten ihre Kraft.

Wie ein Geschenk des Himmels,
das verstoßen wird,
gedeiht sie lichtscheu ohne Namen,
und kein Geheimnis wird mit solcher Scheu behütet
wie diese Liebe, die nicht sein darf.

Wer ihr verfallen ist, dem gnade Gott! -
Der kennt die dunkle Macht,
mit der sie die Verbannung straft.

Irgendwo und nirgends

Du fragst, was ist Liebe?
Es ist deine
gottverdammt ehrliche Stimme,
wenn du ihm ohne scherzhaftes Zwinkern sagst:
Mein Liebster, gestehe,
du kennst ein paar gute Feen,
die die Luft, die ich atme, beseelen.
Die Magie deiner Nähe, deine sachte Berührung
bewirken seltsamen Zauber:
Der Klang der herbstlichen Lüfte,
das Flüstern entkleideter Bäume -
alles lässt mich in Ehrfurcht erstaunen,
alles lässt mich vor Wonne erschaudern.
Im Klang liebkosender Worte,
im Schein umschmeichelnder Blicke
bedarf ein Fluss keiner Brücken,
bedarf die Welt keiner Rettung.
Ich fühle mich mitten im Chaos geborgen,
ich schwebe im Traum und entdecke
im All ein paar unbevölkerte Flecken
und darüber - den ureignen Himmel!
Irgendwo und nirgends, irgendwann und niemals
ist man vollkommen, selig und frei.
Umnebelt von Sehnsucht, Heimweh und Wehmut
steht man inmitten der Menge allein.

Irgendwo und nirgends, irgendwann und niemals
ist man mit jedem Herzschlag dabei,
doch an deiner Seite,

im Mysterium deiner Nähe
wird mir mein eigener Himmel zuteil.

Im Klang dieser heilsamen Stille,
in der Eintracht verschwiegener Worte
kann ich im tiefsten Innern
deinen rasenden Pulsschlag orten.
Du erschließt mir im Bruchteil des Augenblicks
das geheime Gesetz des Himmels.
Ich erkenne im gleißenden Licht
den Ursprung, den Sinn aller Dinge!
Du flüsterst mir etwas liebevoll zu,
doch mir schwinden bereits die Sinne ...

Irgendwo im Nirgends, irgendwann im Niemals
bricht einem manchmal die Welt entzwei,
doch in deinen Armen,
im Samt deiner rauen Hände
fällt mir das Herzstück der Welten anheim.

„O ja, das klang doch so rein
wie die Glocken im Turm,
wie ein Meer ohne Riff, ohne Hai, ohne Sturm,
so aufrichtig, unverfälscht, salbungsvoll süß
wie ein verzuckertes Lämmchen am Spieß!"

Nein, du verstehst nicht, das war die Magie
deiner eigenen rastlosen Phantasie!
Das war deine Gabe zur Inspiration,
das Mysterium deiner Vision!

Ach, was soll's, das war eindeutig glasklare Liebe.
Wenn du mich fragst, ist es deine
gottverdammt ehrliche Stimme,
wenn du singst und nicht aufhörst zu singen,
weil er niederkniet und zu dir spricht:
„Meine Liebste, gestehe,
du kennst ein paar gute Feen,
die die Luft, die ich atme beseelen …"
Siehe Anfang: „Du fragst, was ist Liebe?"

In Sachen Liebe

Nein, nicht schon wieder! Du fragst: Was ist Liebe?!

Ohren steif! Schnall dich fest! Hals- und Beinbruch,
wenn dich Liebe im Trott
wie ein Wolkenbruch einholt.
Du hängst grad' nichts ahnend
ein Tuch an die Leine
und denkst: Ach, man ist doch so gerne alleine,
da kommt schon aus heiterem Blau
ein gewaltiger Guss
und der Himmel rutscht nieder
zum patschnassen Kuss!
Dann hörst du nach Pauken,
Trompeten und Glimmern
eine glasklare, unüberhörbare Stimme:
„Hey, mach die Fliege, ich bin's, die Liebe -
die herrlichste unter den holdesten Musen!
Wenn ich dich kriege, wirst du im Mondschein
bis zum seligen Wunder mit Fröschen schmusen!
Ich klebe beharrlich an deinen Fersen
und werde zu deinem ureigenen Schatten …

Was ist? Wieso bist du so blass?
Deine Knie schnattern!
Ich bin doch kein Zahnarzt, kein Dieb,
kein Finanzamt!
Ich bin der wahre und einzige Glanz
unter schnödem Geglitzer und Firlefanz!

Ich bin das Labsal für einsame Herzen.
Es wagt kaum noch jemand darüber zu scherzen.
Man fängt mich - den Schmetterling - ein
und pflanzt mich im Leib unters Herz hinein.
Da nist' ich mich ein wie die listige Natter
und werde im Bauch als Schmetterling flattern.
Ich weiß doch, ha ha, was ein Liebender braucht -
Schmetterlingsflügel im Bauch!

Ich scheine im Mondlicht auf finstere Pfade.
Man meint oft, ich sei für die Welt fast zu schade
und wäre aus oben genannten Gründen
auf Erden kaum noch zu finden.
Ich bin euer Jackpot, ich bin eure Gabe,
jedes Fahrrad und Rad wieder neu zu erfinden.
Da ihr nicht wisst, wann ich euch, meine Täubchen,
wie ein Blitz aus dem heiteren Himmel ereile,
wäre es müßig zwecks der Begrüßung
servil in dem Dauerhofknicks zu verweilen.

Manche leiden an mir lebenslänglich
wie an zähem und lästigem Schnupfen
und fühlen das winzige, bissige Mäuschen
Tag und Nacht an dem Herzmuskel zupfen.

Jeder kocht seine eigene Sternschnuppensuppe
und wartet auf mich im Palast und im Schuppen!
Ich fahr in die Glieder wie Schüttelfrostfieber!
Ich bin der Kode und der Schlüssel der Bibel!
So schnapp dir, du Starrkopf, schleunigst die Fibel
und lerne gefälligst den Grundsatz der Liebe!"

Achtung, Kuckucksei!

Ich bin der unbeliebte, höchst verhasste Zwilling
der ersten Primadonna namens Liebe.
Ich bin, laut meiner trotteligen Kunden,
gefühllos, grausam, rücksichtslos und rüde.
Und jeder, der mich kennt,
wird liebend gern bekunden,
ich sei die Schmähung aller schönen Träume
und die Novemberkahlheit rau umwehter Bäume.

Man glaubt, ich sei die Perle
im schön verzierten Schrein,
dabei bin ich das Nichtvorhandensein
von etwas … So seid doch ehrlich -
ich gab niemals vor, es je zu sein!

Ich bin die Stimme eines grummelnden Gewissens,
der Urheber von tausend roten Strichen
über die Zweisamkeit mit honigsüßen Küssen.

Ich kann doch nichts dafür, dass ihr bei mir
den Segen sucht für euren Traum:
Ich plündere für euch den nächsten Baum,
denn *ich* erteile euch, mein Guter, meine Gute,
den Ritterschlag mit einer Rute!

Ich hab euch doch gewarnt:
Bleibt mir um euretwillen fern!
Ich bin die Sonnenfinsternis und der
vom schwarzen Loch verschluckte Stern!

Und unter allen hübschen Masken
bin ich die Hässliche, die Fratze,
leicht zu erkennen auch für die,
die wissentlich und unverbindlich
lauwarme, fade Küsse schmatzen!

Was habt ihr euch dabei gedacht? -
Ihr lasst die Tauben auf dem Dach
und klammert wie die Kletten an den Spatzen!

Ich melde mich so fristgerecht wie's geht
mit einem schrillen Kuckucksschrei:
Hey, du, da rollt ein Kuckucksei
in dein so schön zurechtgemachtes Nest!
Du kennst den wunschbekleckstsen Anfang,
die heikle Mitte und den schrägen Rest!
Wenn du an meiner Tür
um Glück und Liebe bettelst,
und deinen Sonnenuntergang
an meinen Ufern buchst,
so kannst du sicher darauf wetten,
dass du bekommst, was du nicht suchst.
Du wirst nie Königin in seinem Reich,
und nie sein Herzblatt, Engel, Augenweide!
Du heulst vor Elend an dem Fluss
im Schatten einer Trauerweide …
Du wirst versetzt und ausgesetzt,
du wirst dich biegen und verbiegen:
Du wiegst ein Kuckucksei in deiner Wiege!
Und du verabscheust mich - den fiesen Zwilling
der ach so holden Primadonna namens Liebe!

Wenn du kommst

Der Regenbogen über meinem Teich
hängt Tag für Tag ein wenig schiefer,
du hast den siebten Himmel angepeilt,
mein Reich liegt, Schatz,
ein Stockwerk tiefer!

Du solltest dich auf deinem Ritt zu meiner Hütte
vor unliebsamer Überraschung hüten!
Hier wiegen Wiesen Sommerblüten,
verströmen honigsüßen Duft,
in ihren Kelchen brauen Elfen
den Wermutstropfen meiner Wehmut.
Sie reichen dir den Trank und sagen: „Prost,
damit du weißt, wie sehr es wehtut,
wenn du erkennst: Oh, dieser Honig
schmeckt nach Verlust! Gewaltig bitter!
Die Botschaft lautet, holder Ritter,
es gab in meinem Himmel dicke Luft
und heftige, sehr salzige Gewitter!

Und niemand weiß, wo diese Nacht
im Nebel meiner Geisterlandschaft endet.
Beraubt dich in dem Moor ein Kobold deiner Kraft,
so lässt du dich vom Flackern eines Irrlichts blenden.
Die Tücken eines bösen Zaubers
sind eine ziemlich heikle Sache.
Da schlummert in dem Moor ein böser Drache,
kein Ammenmärchen wird ihm je gerecht.
Er zehrt von meinem sagenhaften Pech,

ihm wär' es recht, wenn meine Welt im Kern zerfällt
und ohne Halt im Sumpf
auf seine Größe schrumpft.
Er brütet in der Tiefe böse Omen
und nährt die dunkle Gier
nach meiner Ohnmacht!

Es ist, mein Ritter, nur das reinste Licht,
das einen Bann wie diesen bricht!

Du schmähst die Schrecken dieser Nacht?
Hat dich dein Herz dazu gebracht,
am Rande aller Welt nach mir zu suchen?
Du irrst umher und hörst nicht auf,
im Wirbelwind nach mir zu rufen.
Wenn du mich finden willst, musst du gewinnen!
Denn sollt' es dir, mein Holder, nicht gelingen,
ein namenloses Wunder zu vollbringen,
wird dich der Drache aus dem Moor
samt Ross und Schwert verschlingen!

Wenn du nicht weichst,
erreichst du an der siebten Brücke
das Herzstück aller Puzzlestücke.
Da schimmern an den krummen Birkenbäumen
die Glitzerscherben meiner lichten Träume.
Du brauchst ihr Licht, denn meine Nacht
wird dir kein Glimmern spenden!

Wenn du mich findest und erkennst,
war meine Sehnsucht ein Versprechen
und keine lästige Verschwendung.

Der Segen über meiner Hütte
hängt Jahr für Jahr ein wenig schiefer.
Dir schwebt der siebte Himmel vor,
mein Reich liegt, Schatz, ein Lichtjahr tiefer!

Ich warte auf dich

Eine Hommage an die litauische Poetin
Salomea Neris: „Warte auf mich"

Ich warte auf dich,
bis der Frühling das Eis in den Flüssen bricht,
um den Winter ins Meer zu treiben.

Wenn die Flut der Gewässer
das Blut in Wallung bringt,
geh ich an den Fluss und warte auf dich
im Frühlingssturm unter der blühenden Weide.

Ich warte auf dich,
bis der Sommer das Tageslicht großmütig dehnt,
bis die Sonne die Felder erhitzt
und die Erde Gewitter ersehnt.
Wenn der Löwenzahn blüht,
ist das Feenreich Wartenden hold.
Aus dem Löwenzahngelb schmieden Elfen Gold.
Ich beschwöre die Wolken und hege die Hoffnung,
dass der Himmel sich bald von der Hitze erholt.

Ich warte auf dich.
Ich warte noch immer auf dich.
Und die Bäume erwarten den Herbst,
der sie bald von der Last reifer Früchte erlöst.
Wenn du wüsstest, wie sehr
mich das Warten erschöpft!

Der Oktober entfacht seine kraftvollen Flammen
und schürt die Gemüter und Musen
zum rastlosen Drang.
Ich warte auf dich bis zum ersten Schnee.
Wenn du dann noch nicht kommst,
ist es ewig her,
dass ich mehr als zuvor auf dich warte.

Ich bin dir dankbar ...

Wir sind so herrlich zäh, wir sind so diebisch feige!
Ich bin dir dankbar für dein Schweigen,
für deine Nichtbeteuerung: „Ich liebe dich!"

Es gibt auf nichts und alles einen Reim,
als wär' das Leben ein vollendetes Gedicht!
Ich such den Sonnenaufgang in dem Himmel
und nicht in deinem strahlenden Gesicht.

Ich hinterfrag doch nicht das Grün der Wiesen
und halte es für längst bewiesen,
dass alles einen Anspruch darauf hat, zu sein.
Dann ist auch alles, was mir ungerufen zufliegt,
ohne mein Zutun, ohne Vorsatz mein!
Mein sind dein Flüstern, die Umarmung und der
Kuss.
Mein Leben ist ein langer, breiter Fluss,
ich schwimme stur durch seine Mitte!
So weit vom Ufer gibt es nichts,
was einem Halt und Schutz vermittelt.

O ja, ich frag mich ab und zu:
Wozu beharre ich auf dem Verzicht
und such den Sonnenaufgang in dem Himmel
und nicht in deinem leicht umnebelten Gesicht?

Erinnerung

Erinnerung - bittersüße Nektare …
Das Staunen - wie aufrichtig, mutig wir waren,
wie innig wir liebten und litten,
wie geschmeidig wir durch
die verstricktesten Fallstricke glitten,
als wir, berauscht vom eigenen Eifer,
von Fliederduft, Bienengesang umgeben,
über die Gipfel der alten Eichen
im rosafarbenen Nebel
auf dem Einhorn himmelwärts ritten!

Wir atmeten Wind
in durstigen, gierigen Zügen
und küssten uns wund, geblendet
von des Himmels leuchtenden Flügeln -
vom gleißenden Licht des frühen,
gewitterträchtigen Frühlings.

Hat uns jemand am Abgrund der Welten
vor Unheil und Absturz behütet,
als wir lichterloh brannten
und im Nachhinein staunten,
dass wir nicht in der Glut
dieser Flammen verglühten?

Wir tranken süßen, betörenden Duft
aus den Kelchen goldfarbener Blüten,
wir glaubten an Helden, Gerechtigkeit, Gott,
an immerwährende Güte!

Wir wanderten nachts, von Mondsucht befallen,
auf mondbeschienenen Wiesen
und tauchten vergnügt das erhitzte Gesicht
in die üppige Frische des Flieders.

Wir küssten erdige, feurige Küsse,
die Lippen im Tau
mondbeschienener Gräser benetzt.
Wir waren trotz aller ätherischen Flüge
geerdet, verwurzelt im „Hier-und-Jetzt".

Erinnerung - die Wasserzeichen meiner Sehnsucht!
Ein Gruß vom andren fernen Ufer -
die Geister, die wir voller Ehrfurcht rufen,
oder trotz jeder Leugnung scheuen ...
Ein paar Worte und Zeilen,
die wir rückblickend bitter bereuen.

Erinnerung - das Pfand meiner Jugend,
der Stern meiner kühnsten Träume!
Ein Raunen, ein Schattenspiel, Schritte
im Gedächtnis verlassener Räume ...
Die Lichter verklärter Blicke,
ein Traum ohne Fallschirm und Brücken!
Wer kann diese Sternschnuppen orten?
Mea culpa, ich log! Ich kann sie nicht horten.
Sie fliegen mit leicht versengten Flügeln
nach Westen, nach Norden ... Oder nach Süden?

Prost, Bernardo!

Prost, Bernardo!

(Bernardo: eine Romanfigur aus „Das Haus der Fiktionen")

Prost, alter Kumpel! Prost, Bernardo!
Die erste Runde geht an dich!
Du kennst die Launen der Fortuna -
Die leere Leinwand
sehnt sich nach dem Pinselstrich!

Du sehnst dich nach dem Wunder,
nach dem Kuss der Muse
und fügst dich in dein trauriges Geschick.
Bevor der Himmel dir sein Manna streut,
musst du mit Schmetterlingen schmusen.

Refrain:
In manchen Zeiten, an manchen Orten
bedarf es keiner Sieger, keiner großen Worte.
Wenn dir die Tränen wie ein Teich gefrieren,
verzichtest du darauf, um zu verlieren!

Nicht wir, Bernardo, nur die heile Welt
geht leider Gottes heulend vor die Hunde.
Nicht unser Pech, Bernardo, siegt,
der weiche Kern der Dinge geht zugrunde.
Wir haben manches weggesteckt, Bernardo.
Wir wurden oft besiegt
und haben's überwunden.
Es sind die steilen Pfade, Kumpel,

die Pein der tristen, dunklen Stunden,
die wir im Nachhinein so unvergesslich finden.
Die Rückkehr von dem Ort der rauen Winde,
wo Tränen wie ein Teich gefrieren.
Die Abschiede, Verluste und die Pannen,
die wir trotz Niederlage zelebrieren.

So atme durch und gönne dir den Schluck,
der Kobold zahlt die nächste Runde!
Wir trinken auf die Nieten, alter Kuckuck!
Auf Reinfall, Missgeschick und Schulden!

Wir feiern diese rabenschwarze Nacht,
bis uns der Wein,
bis uns der Atem ausgeht!
Dann staunen wir - wer hätte das gedacht!
Wenn ein Bernardo über Gut und Böse lacht,
riecht diese Welt kein bisschen mehr nach Schwefel!

Ich lache mit, so gut ich kann,
obwohl es mir ein wenig wehtut,
obwohl es mir ein wenig schwer fällt ...

Prophezeiung

Ein gebrochener Flügel tut weh,
doch der Himmel ist voller Sterne.
Ich sag noch schnell jemand „Ade"
und zieh in die nebelumhangene Ferne.

Ein Prophet prophezeit mir den übelsten Sturz,
er findet mein Leben zu steinig,
zu krumm und zu kurz.
Ich sag ihm: „Das macht nichts, komm mit
und begleit' mich ein Stück!"
Er warnt mich vor Unwetter,
nahenden Stürmen.
Nur ein Narr wünscht mir munter
Hals- und Beinbruch zum Glück
und gräbt, vom eigenen Eifer entzückt,
am Steinbruch bei Vollmond nach Würmern.

Die Nacht ist so still, so unheimlich still,
umhüllt von dem hauchdünnen Atem
des „Seins" und „Nichtseins".
Ein Bettler nickt ein, gebettet auf Stein,
und wacht noch vor Morgengrau'n auf,
wenn Gott will.

O nein! O Jammer! Es sollte nicht sein!

Eine Eule schnellt kreischend durch brüchige Lüfte.
Ihr Schrei entzweit das noch nestwarme Ei,
es kullert ins All und zerschellt auf der Brücke.

Der Himmel erbebt, von der Stille befreit,
und zersplittert in tausend scharfkantige Stücke.

Jetzt weiß ich, wieso mir beim Flug
mein ermüdeter Flügel zerbrach:
Der Himmel ist voller scharfkantiger Splitter!
Es war nicht mein eignes böses Geschick.
Jemand anders ging weg und kam nicht zurück
und wanderte blind
in das mir prophezeite Gewitter.

Ein gebrochener Flügel tut weh,
doch der Himmel ist voller Sterne.
Ich sag euch noch rasch zum Abschied „Ade"
und zieh in die nebelumhangene Ferne.

Naive Malerei

Mal mir die Frau, die,
von Sehnsucht getrieben,
sturmumwitterte Seen umsegelt.
Wo ist bloß ihr kleiner Gefährte verblieben?
Mal ihr den Hund, der vor Freude,
sie wieder zu sehen,
ulkig schmunzelnd
mit bauschigem Schwänzchen wedelt.
Mal ihr die Bucht, die sie
kurz vor dem Sturm erreicht,
noch bevor ihr der Wind
ihre hauchdünnen Segel zerreißt,
bevor sie ein Engel mit Flossen statt Flügel
im Reich seiner Fische willkommen heißt.

Mal ihr den Turm
zum Schutz vor dem Sturm
und die Stille,
die Glätte der Wellen danach.
Keinen gestiefelten, tollkühnen Ritter auf Ross,
kein Märchengemach und kein glitzerndes Schloss!
Sie wünscht sich erstaunlicherweise zum Schluss
ein gelb angestrichenes Häuschen am Fluss.
Eine flauschige Wolke verfängt sich
im alten Kamin,
alles ist einfach und klar wie vorhin.
Am Fluss streicheln Winde
die anmutig wendigen Weiden,
und unter dem Fenster wächst

schlicht und bescheiden
der gelb-weiß blühende schwarze Holunder.
Wir danken dir, Meister, für das ersehnte
und herrlich naiv gemalte Wunder!

Kuckucksei

Herr Doktor Brigg,
Sie sagen, man soll sich dazu überwinden,
seinen dunkelsten Schatten zu lieben.
Auch ein Kuckucksei birgt ein Versprechen,
zur rechten Zeit zu fliegen.
Man zimmere der Winzigkeit des kleinsten Glücks
gemächlich eine königliche Wiege
und küre Zuversicht zur Königin,
zur Muse aller Siege.
Und wenn man stolpert
oder in den sauren Apfel beißt,
so bringe uns das nie aus dem Konzept!
Virginia Woolf empfiehlt uns ihr Rezept:
Schanzt dir das Leben die Zitrone zu,
so mach daraus das Beste -
eine Li-mo-nade!
Man stelle sich beim Laufen über heiße Kohlen vor-
es sei nur ... eine Pro-me-na-de!

Wenn einem die Fortuna wieder mal
die kalte Schulter zeigt
und einem statt des großen Glücks
nur Pech beschert,
so wird darüber nicht gemault –
es heißt, lass Nieten Nieten sein.
Es hat sich nämlich nie bewährt,
wenn man dagegen aufbegehrt
und sich bei Gott
über die Kanten seiner Weltstruktur beschwert!

Du sagst Fortuna: „Oh, Madame!
Ich kenne Ihre schrägen Scherze!
Ich hab bei Doktor Brigg geübt,
sie aus dem Stegreif zu verschmerzen!
Es ist nun mal nicht meine Art,
mich in dem eignen Leid zu suhlen.
Ich überlasse es den andren,
um Ihre Gunst, Madame, zu buhlen.
So lassen wir doch all die bösen Streiche!
So eine alte, leidgeprägte Eiche
verbiegt sich nie,
um einem Hurrikan zu weichen!"

Oh, Doktor Brigg!
Ich glaub, das dürfte funktionieren,
wenn man das „Kuckucksei" begreift.
Man sollte sein Gehirn
beim Frühjahrsputz sanieren,
den Urbegriff „Verlierer" r e v o l u t i o n i e r e n …
Und schon ist man erleuchtet und gereift!

Narrenweisheit gefragt

Harlekino, Harlekino,
kennst du den Sinn der Irrwege,
die ich zu gehen hab -
den Ursprung aller Dinge?
Als Nachfolger der königlichen Narren
bist du befugt, die Wahrheit zu erschließen.
Du schlägst
mit deinem Narrenstab
auf einen Stolperstein
und lässt die Weisheit sprießen!

Ich soll, egal was kommt, nur weiterlachen?
Ist das dein Mittel gegen kleinkarierte Sitten?

Ich lach mich durch und lach mich raus,
ich lach mich heil, bevor ein Unheil
mich in dem Trott in grauer Weste einholt.
Ich lach mich froh, bevor mein Hund mich anknurrt
und ein Gericht mich aufgrund dessen
zum Gespenst erklärt
und meine Jacke an dem Haken
einem Gast gehört …
Bevor ich selbst
am „Sein oder Nichtsein" verzweifle
und meine Sünden einem Fremden beichte.

Ich lach, ich schwör's dir,
bis mein müdes Auge zufällt,
bis mir rein gar kein Grund zum Jammern einfällt.

Aber es dauert noch gewiss ein Weilchen bis dahin.
So lachen wir uns bis zur Glückseligkeit hin.
Und klopfen an,
bis dieses Türchen, das noch klemmt,
für unsereinen leise aber sicher aufgeht.

Der Sturz der Primadonna

Groteske Hymne für Paparazzi-Chor ohne Solopart

Donna Lea, werte Primadonna,
tanz diesen Tanz für uns zu Ende!
Wir lassen uns von deinem Glanz
ein paar verhängnisvolle Takte blenden.

Den Überschuss an Blumen und Applaus
darfst du im Anschluss büßen.
Jetzt klatschen wir dich gerne hoch
und liegen dir zu Füßen!

Hab keine Angst, wir sind auf deinen Sturz
seit langem bestens eingerichtet.
Wenn du die echten Tränen weinst,
wird über deine öffentliche Pein
in besten Zeitungen berichtet!

Nur wir verleihen deinen Augen voller Trauer
den letzten Schliff, den rechten Schein.
Die Tränen stehen dir, verehrte Primadonna!
So zier dich nicht und weine endlich!
Wein!

Nur wenn du heulst, erblüht an deinem weißen Schal
ein hübscher, fotogener Fleck.
Was soll's, die Welt ist längst verseucht,
auch an dem Flügel eines Schwans
klebt ab und zu ein Klümpchen Dreck!

Wir trachten nach dem unverfälschten Schreck,
nach deiner Ehrfurcht vor dem letzten Licht!
Du sagst, du leidest unter Ruhm?
Wir, Straßenköter, leiden an der Gicht!

Glaub unsereinem, wenn er feierlich verspricht:
Wir fangen deine Urfurcht ein!
Wir knipsen jeden wehleidigen Blick
und kehren deine Krone eifrig weg,
wenn sie beim Sturz vom Thron zerbricht!

Denn wir sind da, wir sind das Auge,
für das du deinen letzten Tango tanzt.
Wir gönnen dir des Ruhmes letzten Glanz,
wir weiden uns an deiner Eleganz,
wenn du dich, wie gewohnt, verbeugst,
beteuernd, dass du nichts bereust.

Wir lassen dich den schnöden Dünkel büßen! -
Der Honig deiner echten Reue
wird uns die Galle in dem Leib versüßen.
Wir werden da sein,
wenn sich andre davor scheuen,
dich anzusehen und zu grüßen!

Wir freuen uns auf morgen, Königin,
und liegen dir getreu zu Füßen!

Postmortemküsse

Jetzt, wo's mir besser geht,
wo es mich nicht mehr gibt,
hab ich die Muße, euch -
ihr eingefleischten Geister - zu erhören,
um euer Lob post mortem zu genießen.
Wer wird schon auf den Helm des Helden schießen,
der nun mein leeres Zimmer würdig ziert?

Ihr küsst mich andächtig
auf meine kalte Stirn,
vergessen sind die kleinen Makel,
die keiner mehr mit Vorliebe zitiert.
Wer rügt gefallene Soldaten
für Ruß auf dem zerfetzten Hemd?
Ruh nun in Frieden, du -
der Stolz der Hinterbliebenen -
du kleiner Held!

Und so genieße ich von oben euren Tränenfluss,
der schon seit Tagen nicht versiegt.
Habt ihr mich wirklich so geliebt,
mich so verehrt, mein Wohl gehegt?

Um diesen Überfluss an Achtung zu genießen,
könnt' ich mich noch einmal erschießen
und mich Jahrhunderte an eurer Trauer weiden.
Also vermisst mich eifrig und mit Ausdruck!
Ich liege in der Eichenkiste starr, bedeckt mit Blumen
und kann es sowieso nur schlecht vermeiden.

Das Herz aus gutem Holz

Er hat das Herz am rechten Fleck -
Papa Karlo hat dafür gesorgt.
Schlicht, genügsam und hold soll er sein,
der Kerl, dem er stolz seinen Namen gab.
Begabt wird er kaum einmal sein,
denn er war keineswegs aus dem Holz geschnitzt,
das nach Ruhm und Erfolg duftete.
Sein Gesicht kommt jedem bekannt vor,
sein Lächeln ist frisch und verschmitzt.
Die Wahrheit ist: Alles war schlicht,
es war düster und stickig, es muffelte,
als der Kleine die kalte, fremde Welt
an einem nebligen Morgen erblickt hat.

Papa Karlo lächelte selig,
als er den niedlichen Bub geschnitzt hat.

Geheimnisse

Geheimnisse - schwarze Schafe ...
Sie plärren bei Vollmond, Regen und Nebel
und lassen uns nachts kaum noch schlafen.
Wir sind ihr Diener, ihr treuer Hirte,
wir hüten sie wachsamen Auges.
Wir treiben sie morgens zum Schutz in die Hürde,
dafür werden sie nachts auf der üppigsten Aue
zum Ausgleich fürstlich bewirtet.

Doch sollte das kleinste schwarz-scheckige Lamm
ins Visier der Piraten geraten,
übertönt ihr Gegröle das Toben der Wellen:
„Wir kommen! Wir riechen den Braten!
Du hütest im Zwielicht missratene Schafe,
dafür blüht dir die Hölle auf Raten!"

Ich sehe euch, Seeräuber, kommen
mit wehender, schwarzer Flagge!
Ich höre die gierigen Schreie
über schäumenden Wellen hallen!
Ihr wollt meinen Schatz, mein Geheimnis,
ich verlange dafür euer Leben!
Ihr bekommt, was ihr wollt -
rabenschwarzes Piratenblutgold
am Griff meines wackeren Degens!

So möge mein Schatz, mein Geheimnis -
dunkel, gefährlich, verheerend -
am Fuße schwarzer Riffe,

in Wracks versunkener Schiffe,
auf dem Grunde rauer Meere
in Eisengussstruhen ruhen!

Freitag, der dreizehnte

Zwei Frösche hüpften über Stein und Stock,
ein Mädchen zupfte an dem kurzen Rock,
indem es lichterloh errötete.

Die schwarze Krähe flog über den dunklen Teich
und hat das Ufer nicht erreicht -
an diesem Morgen, als mich meine Mutter hieß,
die Leinen in dem Garten aufzuhängen,
obwohl ich diesen Tag nicht sehen wollte.
Ich konnte diese Welt
nicht ohne Vorbehalt genießen,
ohne das Blau des Himmels zu bemängeln.
Ich hatte einfach keine Lust,
die Beete liebevoll zu gießen,
denn alle Zeichen standen auf Verdruss und Regen.
Ich wusste schlicht und einfach:
Es geht alles schief, es ist der dreizehnte,
und dieser Tag hat seine eignen Regeln.

Im Niemandsland

Sternenflüsterer

Hörst du mir zu, oder bist du woanders,
dort, wo aus Quellen kein Wasser mehr sprießt?
Wo jemand, gefangen in heilloser Not,
seine letzten Tränen vergießt?
Wo ein Fluss seine Bahn verfehlt
und am Fuß eines Berges versiegt?
Wo jemand vergeblich auf Felsen hämmert
und glaubt, dass sein Wille den Tod besiegt?
Wo die Welt, nach Herzblut gierend,
ein Leben kapert und plündert,
wo jemand, vom Brand seiner Felder geblendet,
zum eigenen Schutz erblindet?
Wo ein zürnender Gott oder Götze
seinen Groll über einen ergießt,
bis das räudige Schaf in blinder Ohnmacht
zum Spott seiner Nachbarn
auf Schmeißfliegen schießt?

Die Zornigen, die mit dem Schicksal hadern,
erheben ihren Anspruch auf Gerechtigkeit,
Betrogene, Geknechtete, Geächtete
hoffen vergeblich auf Gnade!

Hörst du mir zu, oder bist du woanders,
dort, wo die Sterne am hellsten leuchten?
Wir glauben an dich, großer Häuptling,
du bist weise, redlich ... Erleuchtet!
Und du bist mit den Sternen per Du!

Während wir unten im Tal
auf die Sternschnuppen warten,
flüsterst du einem Stern unsre Botschaften zu!

Gestrandet!

Mancher zweifelt vergrämt an der Macht der Gebete
und träumt sich im Nebelschweif lichter Kometen
weit weg von der Erde auf ferne Planeten,
bewohnt von Schwärmern, Narren, Poeten.
Göttliche Gnade verjährt und verschleißt,
wenn sie keinen der armen Trottel
wohlerhalten auf Erden erreicht.

Du beißt gerade seufzend in dein Frühstücksei,
da holt dich die Unendlichkeit
wie eine sanfte Brise ein
und jemand wispert dir vertraulich zu:
"Hey, du! Jetzt bist du aus dem Schneider!
Für dich war die Vergänglichkeit kein Fluch,
du nanntest diese Welt nie deine Augenweide.

In einem andren Universum geht die Sonne auf,
ein weißes Schiff durchquert die längste Nacht,
der Kapitän winkt jemand schmunzelnd zu
und überreicht ihm grüßend seine Fracht.
Willkommen, Schwärmer, Trottel und Poeten!
Her mit dem tonnenschweren Traumgepäck!
Willkommen auf dem Morgenscheinplaneten,
zum Frühstück gibt es
Fliedermilch und Blütenstaubgebäck!

Ihr wart gestrandet im Gewässer eurer Träume,
wir sammeln euch eins nach dem andren ein
und betten euch zum Weiterträumen

in den Palast der tausend lichten Räume.

Hier könnt ihr ohne Müh' und ohne Hetze
auf Wolkensohlen über Meere schlendern.
Hier braucht ihr keine Silbe, keinen Wimpernschlag
an launenhafte Götzen zu verschwenden.
Hier schlummert man sich glücklich, klug und reich
und lässt sich nicht von Heldensagen blenden.
Die Daunen der Unendlichkeit
sind himmlisch weich.
Da träumt ihr euren schönen Traum zu Ende!

Sternklau!

Ich fische Mondschein aus dem Niemandsfluss
und flecht' ihn mir ins Haar.
Vielleicht lässt sich die Welt
in deinem Licht verzaubern
und man vergisst, wie dreist
und übermütig ich doch war!
Wie klaut man denn bei Vollmond einen Stern,
ohne dabei zu schummeln?
Ich rette dir den letzten Strahl,
bevor er in dem tiefsten, kühlsten Brunnen
so einsam vor dem Morgengrau'n verglüht.
Da siehst du, es gibt doch noch jemand,
der sich um dein Wohl bemüht!

Ich weiß, du bist unendlich fern.
Du bist ein Licht, du bist ein Stern.
Und trotzdem bist es zweifelsohne du.
Ich mute mir die höchste Welle zu
und komm zu dir über den Niemandsfluss
in einem winzigen Kanu!

Du bist ein Licht, du bist ein Stern.
Du überwindest Zeit und Raum,
indem du immer heller strahlst.
So landest du in meinem Traum,
sobald du meine Welle streifst.

Hier, in dem Niemandsland,
ist Schwerkraft einem Windhauch gleich

und jeder Stolperstein ist rund
und glatt und butterweich.

Dort, wo die höchste Welle schlägt,
berührt mein Traum dein lichtes Reich.
Da hängt der Himmel etwas schief,
ich zieh den Himmel an dem Rand
und reiche dir zum Abstieg meine Hand.

Und da geschieht ein wahres Wunder -
du rollst wie eine Silberkugel zu mir runter ...

Du bist ein Licht, du bist ein Stern,
und trotzdem bist es zweifelsohne du!
Ich pack für uns ein Stück vom Himmel ein
und wir verstauen es
in meinem winzigen Kanu.
Dann schmuggle ich dich, Stern,
in meine Welt hinein
und du bist nie mehr vor dem Morgengrau'n
so kosmisch einsam, unsichtbar, allein!

Das Gebet einer Mutter

Bring, Vater,
Mutige, Ängstliche, Blinde
heil und unversehrt heim,
sonst fällt aus Versehen der Falsche
den feindlichen Kugeln anheim!
Da draußen, im Nebel, in schlammigen Sümpfen
flackern Irrlichter - grüne Feuer …
Du kennst unsre Ehrfurcht vor finsteren Tiefen,
vor Stillstand, vor Ungeheuern …

Und sollte mein Kind trotz deiner Güte
durch eignes Verschulden leiden müssen,
so werde sein Schmerz so flüchtig und leicht
wie nach Blütenstaub duftende Bienenküsse!
So seien die Wunden harmlos und seicht
wie unser von Fröschen bevölkerter Teich!

Überschwemme die Welt mit deiner Gnade,
es sei mir für keinen etwas zu schade.
Ergieß meinetwegen goldene Regen
über die Gärten der Krösus-Erben.
Und wenn sie versiegen, verehre dem Gauner
zur Lehre ein Häufchen Scherben.
Beschere allen, was sie begehren,
erhöre jeden nah und fern,
doch gib meinem Kind das Herzstück von allem -
ein Dasein im Einklang mit seinem Stern!

Jedem das Seine, jeder Maus ihren Schmaus!
Wer verzichtet im Märchen auf die Bescherung
und geht für uns alle leer aus?

Sag Hamlet, dem elenden Prinzen:
Das „Nichtsein" sei gar nicht mehr „in"!
Er ist doch ein Prinz, ein Idol und ein Promi
und ein lausiges Vorbild für mein Kind!
O Vater, apropos Desdemona …
Ihr Leid bricht mir schier das Herz!
Sie verdient's nicht,
im Rampenlicht aller Bühnen
Abend für Abend sterben zu müssen!
Lass doch den schwarz angemalten Hünen
ihr winselnd den Staub von den Füßen küssen.
Man ließ diese Frau vier pralle Jahrhunderte
nie begangene Sünden büßen!

Außerdem lässt mich der Hund
meines Nachbarn nicht schlafen.
Ich zähle zum hundertsten Mal
alle scheckigen Schafe,
doch er bellt, wenn der Möchtegern-Hamlet-Othello
die Verse des Meisters so schief rezitiert,
dass mein Zaun vor der Geisterstunde
wie verrostete Harfen vibriert,
im Vorraum der Hölle zum Spott aller Götter
von linkischer Hand gezupft.
Muss, apropos, ein Huhn im Jenseits leiden,
von liebender Hand gerupft?

Ach, das Geschöpf war so hinreißend schön,
so herrlich getupft wie in Cezannes Gemälde!
Hätte das arme, missbrauchte Geflügel
den Anspruch darauf, mich post mortem zu rügen,
wirst du dich, Vater, gewiss bei mir melden.

Doch wenn du das Los meines Kindes gestaltest,
denk bitte an Michelangelo!
An den Grundsatz der göttlichen Geometrie!
An die Klarheit der Linie, an die Anmut der Lilie,
an die Klänge barocker Melodie!

Vergib mir, Vater, alles, was ich tat!
Mit Absicht, ohne Absicht, einfach so …
Wir treffen uns in einer heilen Welt,
man sagte mir, die gibt es irgendwo.
Doch heut' erbitte ich für mein geliebtes Kind
den Niederschlag der göttlichen Vision,
ein Meisterwerk, ein Feuerwerk der hochgelobten,
sich nie erschöpfenden Inspiration!

Eine kleine Bitte

O Madonna, erhör meine kleine Bitte,
es ist gar nicht so viel, was ich will!
Ich träumte heut' Nacht,
ich hätte riesige Flügel
und flog wie ein Vogel
auf den höchsten Baum.
Du weißt doch, Madonna,
ich bin gar kein Engel …
Wie komm ich zu diesem seltsamen Traum?

Mein Traum war so licht
wie der Garten in Großmutters Bild.
Jeder Tupfen und Strich
war so weich wie ein Lilienteich.
Jede Wahrheit war klar
und so makellos rein
wie ein edles Juwel
im Reliquienschrein.
Ein Held war so kühn,
so erhaben und schlicht,
und sein tapferes Herz
war so sanft wie ein Engelsgesicht.

Ich träumte, die Welt
wäre heil und wolkenlos heiter.
Jeder Herzschlag erklang
wie Staccato für Glocken und Geigen.

Ich war in der Mär
die Prinzessin im ureignen Reich,
das Zauberer Os von den gierigen Drachen befreit.
Ich träumte, ich wär'
im Palast der gestrandeten Zeit,
wo Glück sich vermehrt,
weil es immerwährend gedeiht.
Dann wäre die Uhr
nur ein schönes antikes Relikt,
weil sie zum Glück
keine Zeit in das All vertickt.
Alles war so verklärt
wie in meinem Gedicht -
schön verknüpft und geleimt,
Strophe für Strophe gereimt.

O Madonna, erhör meine kleine Bitte!
Es ist gar nicht so viel, was ich will.
Du kennst doch die Welt, ihre rauen, rigiden Sitten.
Wir sind nun mal das, was wir sind!

Na gut, ich verrate dir etwas,
versprich, du erzählst es nicht weiter:
Die Welt war da … wirklich wolkenlos heiter.

Der Himmel war licht
wie ein sonnenbeschienener Teich,
die Wolken erblühten lilienweiß,
verdeckten die Sicht
und segelten weg wie ein Schiff.

Ein riesiger Schwan –
so weich und so sanft wie ein Lamm -
trug mich hinauf,
immer höher, himmelwärts, heim.

Ein paar ungeklärte Dinge

Dort im Licht, auf hohem Berge,
hat man die beste Sicht,
doch unten im Tal, im dichten Nebel
predigen Zwerge Zucht und Verzicht.

Ein Wanderer durstet in einer Schlucht
und sucht im Sinn der Dinge Zuflucht.
Ein Gestrandeter findet, was er nicht sucht -
eine von Winden umwehte Bucht.

Es gibt zwischen Erde und Himmel
ein paar ungeklärte Dinge.
Hat Gott des Weisen blauäugigem Zwilling
das Erbrecht auf Frohsinn vermacht?
Erblüht die Welt in seinen Augen
zum heiteren Ort voller Hoffnung und Pracht?

Auf welchem der höchsten Gipfel
bescheinigt uns Gott Mut? -
Während der Eifrige handelt,
fragt ihn der Narr, was er tut.

Schmäh ich klagend Gnade,
verkenn ich im Elend Segen?
Wird man für Langmut getadelt
oder belohnt und geadelt?

In welcher glorreichen Stunde
sagt ein König: „Es reicht, es war gut",
und tauscht seine goldene Krone
gegen deinen verstaubten Hut?

Dornröschen schlummert, auf Rosen gebettet,
und träumt ihren keuschen Traum.
Jemand hat jemand geliebt und gerettet
und ruht nun unter dem blühenden Baum.
Irgendwo am steinigen Ufer
hört man die Möwen „Unheil!" rufen:
Lass deine Beete, Mutter, verwuchern,
eil in den Wald, deine Kinder suchen!
Hör nicht hin, Fischer Joe,
wenn sie nachts bei Nebel singen!
Ihre sanften, liebkosenden Stimmen
lassen Klippen wie Glocken erklingen.
Die Mutter pflückte die schönsten Blüten
und flocht einen Kranz für die, die gingen.
Sie wartete betend auf wahre Wunder,
bis die Sterne im Himmel verglühten.

Schmäh ich klagend Gnade,
verkenn ich im Elend Segen?
An welchem Kreuz erlang ich die Gabe,
Gott den Tod zu vergeben?

Wer sagt, ich sei zum Elend berufen?
Wer sagt, ich sei zum Jammer verdammt?
Ich weiß, jemand wird mich vermissen und suchen.
Und an einem krummen Zaun
wird eine Birke nach mir benannt.

Schmäh ich klagend Gnade?
Verkenn ich im Elend Segen?
In welcher lichten Stunde
hab ich mir alles vergeben?

Wir sind so atemlos durch Zeit und Raum gehetzt,
wir haben uns verleugnet, ausgesetzt, verletzt.
Heimgesucht von Schicksal, Hurrikan und Gräueln,
wären wir gestorben,
doch der Tod war uns zu teuer.
So blieb uns gar nichts übrig
als weiterhin zu leben,
um jedes Loch im Stiefel heuer zu versteuern!

Schmähen wir klagend Gnade?
Verkennen wir grollend Segen?
Wir sind doch dabei - mit Leib und Seele!
Wir spüren mit jeder einzelnen Faser
den Sturm in unseren Segeln!

Wenn Mütter beten

Irgendwo in der Finsternis brennt ein Licht,
ein wachsamer Engel lauscht meinem Gedicht.
Irgendwo in der sternlosen Nacht
betet Mutter mit Inbrunst für mich,
weil ein Vogel verstört fremde Nester umkreist,
weil ein ferner Komet meinen Himmel bereist,
weil sie glaubt, all das darf gar nicht sein,
weil sie glaubt, dass ich wach bin und wein'.

Doch ich weine nicht trotz aller seltsamen Dinge,
trotz dunkler Ahnungen, böser Erinnerung.
Mutter verbot mir endlose Sorgen,
Grübeln, Reue und trostlose Worte.

Irgendwo in der sternlosen Nacht
sehnt sich mancher nach Hoffnung und Kraft.
Mancher fragt sich: Auf welchem Planeten
wird dem Helden Courage erteilt?
Wie kommt man zu Ruhm und Liebe,
wenn man woanders verweilt?

An welcher heilsamen Quelle
erblüht und gedeiht mein Traum?
Unter welchem lichten Himmel
pflanzt jemand für mich einen Baum?
Wo stehe ich heil und heiter,
von warmen Winden umweht?
Wo hab ich die siebte Welle
erobert und überlebt?

Irgendwo in der Finsternis brennt ein Licht,
ein freundlicher Engel lauscht meinem Gedicht.
Irgendwo in der sternlosen Nacht
betet Mutter mit Inbrunst für dich,
weil ein Vogel verstört deine Wiege umkreist,
weil du schläfst und nicht weißt,
wie der Berggipfel heißt,
den du mutig besteigst, weil du träumst,
weil du wagst, weil du heim willst …

Irgendwo in der sternlosen Nacht
sehnt sich mancher nach Reichtum und Macht.
Mancher fragt sich: Auf welchem Planeten
wird dem Weisen die Klugheit erteilt?
Wie kommt man zu Glück und Segen,
wenn man woanders verweilt?

Unter welcher fernen Sonne
lacht mein zufriedenes Kind,
weil es nie und niemals verzweifelt,
weil es weiß, wo sein Weg beginnt?
Wo stehe ich froh und mutig,
von weißen Segeln umweht?
Nach wessen Gesetz und Regel
hab ich den Tod überlebt?

Nun fragt ihr euch sicher: Auf welchem Planeten
begegnet die Muse dem armen Poeten?
Wer nennt ihr den Namen und zeigt sein Gesicht?
Nur ein einsamer Engel lauscht seinem Gedicht,
wenn Mütter in sternlosen Nächten beten …

An den Schutzengel

Solo für Flöte

Hätte es dich nicht gegeben,
so wären wir heute nicht da -
an der letzten Verzweigung gemeinsamer Strecke.
Auf der Karte der Schatzsuche meiner Regie
hätten wir lauter weiße Flecken.
Du weißt, ich bin eifrig im Suchen
und tu mich sehr hart im Finden.
Ich feile noch fleißig an einigen Formeln
und übe Vergebung fremder Sünden.

Wenn mir einmal die Zuversicht fehlte,
gabst du mir Aufschub und hast mich geflogen
bis zum kostbaren Augenblick klarer Sicht,
bis zur Stunde der rechten Eingebung.

Jetzt stehen wir da -
an der letzten Verzweigung gemeinsamer Strecke.
Wärst du sichtbar und tastbar,
würde ich dich umarmen
und dein Engelsgesicht
mit den herzlichsten Küssen bedecken.

Ich weiß, ich war manches Mal töricht und störrisch
und nur selten zahm und fügsam.
Dafür warst du zum Ausgleich ätherisch,
freundlich, unbeschwert, biegsam.

Ich muss dir, mein Guter, die Wahrheit gestehen.
Ich könnte dich gar nicht entbehren!
Du hast es erlebt, du kannst es bezeugen:
Die Irrwege schlängeln sich fort ohne Ende.
Es hat keinen Sinn, mein armer Engel,
dich der Pflicht meiner Aufsicht
entziehen zu wollen.
Gott schickt dich bei Fluchtversuch grollend
zurück zu uns beiden, zurück zu dem Bund:
Der Weg ist noch weit, und die Erde ist rund ...

So bleibe bei mir, beflügeltes Wesen!
So soll es nun sein,
so soll es nun werden,
so ist es doch immer gewesen.

In Sachen Wahrheit

Jemand sagt, er sei ohne Tadel.
Jemand sagt, er sei ein Held,
doch er weiß, er wird geadelt,
weil die Welt ihn nicht erkennt.
Wird der Freispruch in Stein gemeißelt,
wenn sich jemand zur Wahrheit bekennt?
Soll unser Tugendbold schweigen
und der Welt sein Bekenntnis verweigern?
Es schadet doch keinem, dass einer
sich beim Strecken die Seele verrenkt,
wenn er der Nachwelt und den Annalen
ein glänzendes Vorbild kredenzt.
Wenn er hofft, dass er möglicherweise
gar das Jüngste Gericht verpennt.

Das Gebet des Nonkonformisten

Wenn's drauf ankommt, himmlischer Vater,
verehren wir Freigeist, Großmut, Genie
und begeistern uns sicher fürs sonnige Klangbild
einer Mozartschen Melodie.
Doch gewähre uns bitte den winzigen Missklang,
den Aussetzer, Freitakt zum Atmen
auf Kosten des Wohlklangs der Symphonie!

Beim Rutsch auf dem Glatteis der Symmetrie
erträumen wir sehnsüchtig taufrische Ritte
im durstigen Wind der wilden Prärie!
Wir sehnen uns manchmal nach Wackelpudding,
ganz besonders - bei Zahnweh und Nostalgie.

Gewähr uns für scheue, naive Blicke
auf Kosten geschmeidiger Harmonie
eine winzige, zackige Zahnspangenlücke!
Sonst stürzt sich so mancher Nonkonformist
kopflos und reuelos von der Brücke!
Man könnte dabei aus purem Versehen
ein paar Elemente verrücken -
dein vollendetes Werk, deine Schöpfung,
im ureignen Grundsatz zerrütten.
Den Fliehenden kümmert das herzlich wenig -
er strampelt sich lediglich Fluchtwege frei.

Uns steht doch der Sinn, wie gesagt, ab und zu
nach was andrem - nach süßem, grobkörnigem Brei.

Wir brauchen ein paar lose Maschen
im Gewebe der Weltkonstruktion,
hier und da ein lockeres Rädchen
im Gefüge der Maschinerie,
sonst zerbröckelt beim Kratzen und Scharren
das schönste Relief
deiner göttlichen Geometrie!

Dann erscheint auf dem Podium neuer Zeiten
ein altbackenes, dreistes Phantom -
ein erbostes, im Wahn selbst ernanntes Genie -
und ködert das Volk mit Weltuntergang,
mit Rekonstruktion und Revolution!
Sittenwidrige Tugend sprießt und wuchert
wie Unkraut auf einem verwahrlosten Grab!
Frag doch den leidgeprägten Franzosen,
er zeigt dir den Grabstein:
„Hier ruht der enthauptete Graf ..."

Das wünschst du dir sicher nicht,
himmlischer Vater,
so halte doch bitte die Keule zurück!
Wir brauchen die Laufmasche dringend
als Freiraum für Liebe und Inspiration!
Dafür behüten wir wachsam die Mauer
deiner noblen, fragilen
und ach so robusten
Weltkonstruktion!

Sternloser Himmel

Wie viele trostlose Tage
hab ich auf Erden verbracht?
Wie viele finstere Nächte
hab ich an dich gedacht?
Wie viele schwarze Schleier
hast du mir, Liebster, vermacht?
Wie viele sternlose Himmel
zählt die ewige Nacht?

Drei große, gierige Krähen
umkreisen mein einsames Dach -
die Tränen der Liebenden schimmern
wie Perlen in voller Pracht.

Endlose dunkle Flüsse
schwemmen die kostbare Fracht
in den sternlosen Himmel,
in die ewige Nacht.

Wie viele herrliche Wiesen
spenden Leidenden Kraft?
Wo gedeiht ein Heilkraut
gegen des Schicksals Macht?
Wie viele schwarze Schafe
hast du mir, Liebster, vermacht?
Ich zähle sie, statt zu schlafen,
bis zum Ende der ewigen Nacht.

Du hast für mich, mir zuliebe
tausende Wunder vollbracht.
Du hast mir die Wehmut vertrieben,
meine Träume zum Leuchten gebracht.
Für Juwele der lichten Erinnerung
bezahlt man die höchste Pacht -
ich schick dir vom anderen Ufer
mein Herz in die ewige Nacht.

Endlose dunkle Flüsse
schlängeln sich hoch durch den Nebel,
eine schneeweiße Gondel gleitet
dem sternlosen Himmel entgegen.
Sie wiegt auf der dunkelsten Welle
mein Herz in die ewige Nacht.
Warte am Ufer, mein Engel,
auf das Boot mit der kostbaren Fracht.

Es vergehen so viele Monde,
die Erde dreht hunderte Runden,
da zeichnet ein kleiner Junge
ein schönes, seltsames Bild.
Alle werden es staunend bewundern
und sich reichlich darüber wundern,
weil es keiner verstehen wird.

Auf dem dunkelsten Fluss
unter sternlosem Himmel
sieht man zwei silberne Herzen schimmern.
Eins driftet dahin und gleicht einem Stern,
das andere ist noch so unendlich fern ...
Doch es leuchtet ihm lieblich entgegen,
wenn sich Himmel und Erde begegnen!

Seine Mutter versenkt in tiefer Sorge
ihren Blick in die schwellenden Wolken.
Sie spricht beschwörend mit heiserer Stimme
verheißungsvoll klingende Worte zum Himmel,
um etwas, was werden soll, war oder sein wird,
durch Liebe, Magie und Gebete zu bannen.
Die schneeweiße Gondel verirrt sich im Nebel,
kehrt um und schwindet von dannen.

Wie viele trostlose Tage
hab ich auf Erden verbracht?
Wie viele finstere Nächte
hab ich an dich gedacht?
Wie viele schwarze Schleier
hast du mir, Liebster, vermacht?
Wie viele sternlose Himmel
zählt die ewige Nacht?

Das letzte Licht

Hi, Himmel, hier auf Erden
wird es allmählich dunkel.
Ich bin's wieder, der ruft -
Passwort: „Kein Schuft - kein Narr - kein Halunke".

Ich bin wieder mal wach und schwelge im Grübeln,
denn da unten, da drüben vor einer Spelunke,
liegt ein Prediger, restlos betrunken,
und kräht seine Klagen dem Himmel entgegen,
wehleidig, krächzend und heiser.
Seine Frage dagegen klingt seltsamerweise
unheimlich nüchtern und munter:
„Wird im Himmel zur späten Stunde
übers Jüngste Gericht gemunkelt?
Geht die Welt laut Gerücht in die letzte Runde,
geht der Mensch vor versiegender Quelle
zugrunde?"

Ich träumte, ich irrte umher
und suchte verzweifelt nach Gott.
Ich rief: "Jemand rüttelt
am Grundstein der Schöpfung
und fährt unser Leben zu Schrott!"
Hi, Himmel, ich bin's -
„Kein Schuft – kein Narr –kein Halunke"!
Thronst du, himmlischer Vater,
am Quell aller Hoffnung
und blickst auf uns wohlwollend runter?

Oder weilst du auf Erden,
wo jemand verdurstet –
allein in der gleißenden Wüste,
wo jemand in seinem verwaisten Heim
sich inständig fragt, wessen Schuld er verbüßte,
während jemand, der restlos versagt,
sich bei niemand beschwert und beklagt
und in stiller Verzweiflung seine Seele verwüstet?

Keiner weiß, an welchen verruchten Orten
du verschollene Engel rettest,
in welchem dunklen, kalten Heim
du ein Kind auf Kissen bettest.
Keiner weiß, welche fernen Sterne
du kraft deiner Liebe heilst,
welche tristen, heillosen Träume
du in lichter Botschaft bereist,
weil du weißt,
wie der träumende Henker
im Gebet seiner Mutter heißt.

Folgst du dem Klageton deines Himmels
zum Ort des letzten Lichts,
wo im All in der kosmischen Stille
dein hellstes Gestirn erlischt?

Eilst du der Frau entgegen,
die durch lodernde Flammen flieht
und im dunkelsten Winkel der Hölle
ihr einziges Kind verliert?

Heißt du den Mann willkommen,
der im Kampf seinem Feind erliegt
und sich ohne Groll und Reue
auf den Heimweg zu dir begibt?

O himmlischer Vater und Retter,
der verrußte Soldat -das war ich,
als mir jemand aus feindlichem Lager
mit eisernem Griff meine Flagge entriss,
als die Erde vor einem Jahrhundert
meiner Sicht und dem Himmel entwich,
als ich kniend in Schutt und Asche
den Sinn aller Dinge begriff!

Ich hörte fallende Sterne kreisen,
die leisesten Tränen trostloser Waisen,
ich hörte die Stimme des hohen Himmels -
den Klang des letzten Lichts!
Da hielt ich kurz inne und frage den Himmel:
Klingt jedes einzelne Herz auf Erden
wie reinstes Kristall, wenn es bricht?

Hi, Himmel! Ich bin's. Over. Ich melde mich ab.
Passwort: „Kein Schuft - kein Narr - kein Halunke."
Hier auf Erden ist es inzwischen
ganz still und vollkommen dunkel.

Die Schwimmende

Sie stand nur am Strand
und wusste nicht weiter.
Sie war nur verletzt und wollt' es nicht zeigen.

Sie atmete Wind in durstigen Zügen
und sah den Himmel die Möwen wiegen.
Die Welt war bewölkt und kurz vor dem Weinen.
Die Wolken zogen bizarre Reigen.
Sie wollte nur schlafen und gar nichts träumen.
Es gab nichts zu wünschen
und nichts zu versäumen.

Und alles war einfach und schwer zu verstehen.
Es war vom Himmel kein Fleck mehr zu sehen.
So dicht war die Sicht auf die Nähe und Ferne,
dass sie gar nicht mal merkte, wie sie sich entfernte -
vom Ufer, vom Strand,
von dem Schmerz, der sie quälte,
vom Leben, das jemand für sie erwählte.
Sie schwamm um ihr Leben, um ihm zu entrinnen.
Sie sah sich als Wolke, als Welle, als Möwe
und rang verzweifelt und stumm um Besinnung.

Wenn sie es geschafft hat, lebt sie im Palast.
Wenn nicht –
so werden es traurige Mären erzählen.

Die nirgendwohin Eilende

Die Welt, die dir beschieden war,
zerfließt und blättert ab.
Ein Tag beginnt und findet keinen Ausklang,
als hätte sich das Licht
in einem matten Glas verrannt.
So träge, ohne Eile tickt die Uhr die Zeit dahin,
dass du dich staunend fragst, wohin
sie die verflossenen Gewässer schwemmt,
wenn die Vergangenheit
so hoffnungslos verstaut ist.

Der Tag beginnt für die,
die diese Welt mit dir nicht teilen.
Sie überlegen sich gerade zwanghaft,
wohin sie so verzweifelt und so eifrig eilen.

Die in den Regen Laufende

Ein Gesang

Der herbstliche Himmel brütete Regen
und trug seine Wolken schwer zum Westen.
Sie dachte nur kurz: „Was soll's,
es ist wohl das Beste …"
und ging vom herbstlichen Wind getrieben
dem Sturm entgegen.

Ihre Träume bevölkern den Himmel,
ihren Alptraum beherbergt die Hölle.
O Herr, keiner nimmt dir das Recht,
uns zu richten, zu rügen, zu rächen.
Die Erde bedarf wie zuvor deiner Gnade,
die Hölle bedarf deiner Rettung!
So lass die gepriesene Milde walten
und sei ihrer elenden Seele gnädig.
Dein einziger Wille geschehe im Himmel,
Dein Reich komme auf durstende Erde.

„Ich habe in langen, schwülen Nächten
die heillose Schwärze der Wolken genährt.
Ich ließ diesen Sturm in der Seele reifen
und habe ihn jetzt zu ernten."
Das dachte sie leise - müde, verzweifelt
ihr Haupt auf die schlammige Erde bettend -
und schloss die restlos erschöpften Augen,
ihr fehlte der Atem zum Beten.

Die Träume, gebraut in schwarzen Nächten,
hochgestiegen zum Himmelsbogen,
geballt zu schweren, düsteren Wogen,
stürzten auf Häuser, Brücken und Türme.

Vögel kreisten verstört über dunkelnden Wiesen.
Der Himmel schäumte und goss seine Fluten
auf die regungslos Liegende.

Es stürmte Groll, es brachen zerrüttete Zäune,
es regnete schwüle, gestaute Träume
auf Asche und Staub und kahle Bäume.
Die Flut durchdrang die durstige Erde
und nährte die dunklen Tiefen,
damit die verstoßenen Träume
zu etwas werden
und als finstere Alpträume weitersprießen.

O Herr, niemand spricht dir Gerechtigkeit ab.
Keiner nimmt dir dein Recht
auf die rügenden Stürme.
Nur du kennst die Echten,
die Falschen, die Richtigen!
Lass gepriesene Milde fließen,
lass die stürmende Flut versiegen,
Tu es ihr, ihrer elenden Seele zuliebe.
Sie wartet, auf offener Erde liegend.

Jenseits der Grenze

Als der Himmel brannte

Es war an dem Tag,
als wir wie angeschossene Vögel
durch des Himmels leuchtende Mohnblumenfelder
aus schwarzen, nach Ruß duftenden Wolken
hinab auf die Erde fielen.
Erde! - Wir haben sie nie so geliebt,
uns noch nie so danach gesehnt,
ihren kraftvollen, fordernden Herzschlag zu fühlen,
wie im hauchdünnen Atem der nahenden Stille!

In verschwommenen Bildern flackernder Feuer
kam uns der letzte Gedanke:
Man heißt uns willkommen!
Erde, hier Adler! Geliebte, ich komme!
Ich bring dir den Kuss des brennenden Himmels!
Empfange den Leib voller glühender Sterne!
Ich küsse dich wund, noch bevor wir verschmelzen,
bevor ich, gekühlt in taufrischen Gräsern,
in deinem nach Frühling duftenden Schoße
versterbe.

Du brennst mir entgegen?
Du sehnst mich herbei?
Sind die Lichter, die leuchtenden Fackeln,
deine feuerrot blühenden Bäume?

Wir waren vielleicht nie zuvor
so gottverdammt schön und edel

wie an dem Tag, an dem Wolken
wie Mohnblumen blühten,
wie an dem Tag,
als wir wie die verruchtesten biblischen Engel
mit leuchtenden Flügeln, mit Splittern im Herzen
zum Sterben heimwärts segelten.

Man hielt uns für Engel!
Ich sah jemand kniend sein Kopfgewand kneten,
ich hörte, bevor mir der Herzschlag verklang,
jemand durch Rauchschwaden ehrfürchtig beten:
„O himmlischer Vater, so ist es,
so wird es, so ist es gewesen!
Vergib allen aufrechten, kriechenden,
fliegenden Wesen!
Vergib den Seelen gestürzter Engel!
Sie kreisen wie Greife über den Hügeln,
bis ihre Flügel versengen.
Dann segeln sie brennend zur Erde -
zu meinen Füßen.
Vergib ihnen, Vater, in deiner unendlichen Güte!
Lass die gepriesene Milde walten,
empfange die Seelen
von Adler, Schwalbe und Falke!
Ich schwör auf dein Wort,
meine schutzgrabentiefen Falten,
ich schwör's dir so aufrichtig,
wie ich's noch nie zuvor schwor:
Ich schicke dir jede verruchte Seele -
in Rauch und Ruß - direkt an dein Tor.
Ich verzichte auf Zorn, Vergeltung und Rache

und bette die schlafenden Feuerdrachen
in deine geweihte, moosweiche Erde. Amen.
Gruß von Erden, von deinem Hirten,
du weiß doch, ich darf nicht schlafen.
Ich eile zurück zu meiner Herde -
zu meinen schwarz gefleckten Schafen."

Ha! Wir sagen in Franken dazu: Schmarren!
Der Möchtegern-Priester-Hirte-Kaplan
hat doch zu früh angefangen,
die Erde für Adler zu scharren!
Ich starb nicht.
Falke und Schwalbe, Gott habe sie selig,
wurden dagegen bei Singsang beerdigt.
Gott wusste, ich war nicht bereit,
mich von blühenden Feldern zu trennen.
Ich traue ihm zu, mich in jedem
zerfetzten Gefäß zu kennen.
Ich segelte noch mal mit wunder,
gebrandmarkter Seele hinunter -
zurück auf die rauchende Erde.

So war's, junger Mann!
Wir flogen den kühnsten, verwegensten Flug
im letzten Strahl der Götterdämmerung.
Der Stahl unsrer Flügel war brüchig.
Die Treppe zum Himmel war morsch.
Unsre Stimmen verstummten
im windstillen Schweigen der Lämmer:
Wir waren zu Unrecht
so eifrig, tollkühn und forsch!

Das Anrecht auf Lorbeer für Mut und Bravour
gebührt dem Gerechten, dem Sieger, dem Retter.
Unser Lorbeergeflecht für die wüste Tortur
war das Stigma des Feuergefechts -
die Signatur der germanischen Götter!

Und hier nebenbei ein Postskriptum für Spötter:
Es war wohl kein Schicksal …
Eine bloße Verblendung?
Es war, junger Mann, auf gut Fränkisch:
eine blutige, gottverdammte Verschwendung!

Rückführung

Ein Feuerwehrmann blättert in seiner Chronik

Jetzt weiß ich wieder, Doktor,
was mich an dem Feuer
so ungeheuer fasziniert,
warum ich meine Wahl noch immer nicht bereue.
Ich stürze mich wie ein Besessener
in das Gefecht der Flammen
ohne Gejammer, Furcht und ohne „Amen"
im Angesicht der Feuerbrunst und ihrer Glut.
Das Feuer birgt das düstere Geheimnis meiner Wut
auf alles, was entzündbar und vergänglich ist.
Und das Geständnis tut mir nicht mal weh.
Ich bin beheimatet im Feuerkessel und seit jeher
der legitime Sprössling von da unten –
sozusagen seine Brut.
Auch jetzt, wo ich es weiß, empfind' ich keine Reue
und bin, weiß Gott, oder weiß der da unten,
noch nicht bereit für eine Buße -
für das, was damals,
vor den mehreren Jahrhunderten geschah.

Was war es denn, was mich,
den hartgesottenen Korsaren,
veranlasst hat, für einen Augenblick zu beten,
wenn man's so nennen mag,
denn der Versuch klang mehr
nach einem wüsten Fluch
aus einer rauen Räuberkehle.

Und weh tat es, verdammt und unvergesslich weh,
den Himmel voller Rauch um Hilfe anzuflehen.
Was war ich für ein fescher, rauer Kerl!
Die Küsten zitterten vor meiner Flagge!
Und mein Gelage war berühmter
als mein sagenhafter Zorn,
denn ich genoss mit jeder Faser meine Abordage
und zelebrierte den verruchten Tag,
als wäre er der letzte,
was er auch war,
gerade als ich, wie nach jeder Beute,
genüsslich meine Kehle mit dem Gin benetzte
und mich am Glanz der Münzen inbrünstig ergötzte.
Wir hätten alle Welt in Furcht versetzt
und auf die Knie gezwungen,
wir hätten noch den namenlosen Sieg errungen,
wenn …
Da brach auf meinem Schiff
ein heimtückisches Feuer aus.
Die Feiglinge! Sie flüchteten vor Flammen
wie die Ratten. „Raus!"
Und raten Sie, was ich da tat!
Ich ließ die Burschen fliehen
und tötete mit eigner Kugel alle Ratten,
sank auf die wunden Knie
und sah durch die geballten Schwaden Rauch
zum blauen Fleck da oben auf,
bis mein geliebtes Schiff samt mir versank.
Nichts auf der ganzen gottverdammten Welt
hätt' mich zur Flucht bewogen.

Ich frage mich, ob ich danach noch irgendwo
im Feuer weiterbrutzeln musste,
bevor ich wieder mal auf Erden weilen durfte
und nicht wusste,
wer oben oder unten
mir das jämmerliche Leben aufgebrummt hat.
Ich war ein kümmerliches Weib.
So eine Schande! Ich als Weib! -
Mit einem düsteren Gesicht und voller Kummer.
Ich heulte mir die Seele aus dem Leib,
als meine Scheune brannte
und mein Kalb verreckte.
Mein Kind verstarb, als ich gerade
den verrußten Tisch zur Mahlzeit deckte.
Ich war so weinerlich und so verkommen,
mein Dasein endete wie einst begonnen –
so trostlos, karg und unvollkommen,
dass mir die tristen Bilder heute noch zuwider sind.
Die Pest hat mich aus Mitleid mitgenommen,
jedoch das Feuer hat mich weggerafft!
Ich schwör, ich sah sie durch den Rauch!
Sie standen da und haben nur gegafft.
Und weil ich sie nicht einmal hasste,
beschloss da jemand oben oder unten,
ich hätte meinen Groll auf alle Kreaturen
durch Feuerflammen überwunden.

Und ich verdiente mir dadurch
ein Schwert und einen Hut mit Federn
für meine nächste Existenz.
Und die verdiente wieder die Bezeichnung „Leben".

Ich weiß, es wird ein wenig ungeheuer:
Es war mal wieder eine Taufe in dem Feuer.
Nur diesmal gönnte man mir Würde
bei dem Abgang.
Der Anfang von dem Untergang
war einfach herrlich!
Ich war ein Weiberheld, ein Offizier -
galant, verwegen.
Von wegen so ein Wüstling!
Nichts, was ich da tat, war irgendwie verwerflich.
Bevor ich abtrat, durfte ich genießen und begatten.
Und dann ...
Mein Schwert ist blank,
mein Ross ist schon gesattelt.
Ich weiß, vor Morgendämmerung
beginnt die Schlacht.
Ich lüfte meinen Hut
und lass die Federn schwingen.
Ich grüße wohl das letzte Mal die tapferen Soldaten.
Ich sage, was zu sagen ist -
Gott steht uns bei, und wir gewinnen.
Ich hatte Recht, es war das letzte Mal:
Wir sind in dieser Schlacht gefallen.
Nur einer überlebte. Der Kaplan.
Er tat uns den Gefallen.
Wer hätte uns denn sonst ins Grab gebettet,
wer hätte aufrichtig und gotteseifrig
für uns, verruchte Burschen,
durch den Qualm gebetet?
Es war, Gott lob, nicht mein Gebet,
denn ich ging auf ... in Flammen.

Nicht auszudenken, welchen Groll des Himmels
ich mir da zugezogen hätt',
wenn ich Madonna aufgefordert hätt',
den Feind zur Hölle zu verdammen!

So hab ich wieder mal den Helm
auf meinem Haupt,
und meine Treue trägt,
wie's sich gehört, ein Kopftuch.
Mein Leben ist betucht,
es brennt mal hier und da, wenn überhaupt.
Ich liebe meinen Hund
und klage ab und zu nur über Schnupfen.
Ich hüte mich,
nur ein verdammtes Huhn zu rupfen!
Wenn ich kein Feuerwehrmann wär',
so könnt' ich sichergehen,
die Hölle hat es aufgegeben
und schickt mir keine Flamme hinterher.
Wozu denn auch,
so anständig und bieder wie ich heute bin?
Was hätte das für einen Sinn?
Ich sage doch,
mich trennen blutige Jahrhunderte von dem Vorher.
Und doch bedarf es keiner Prophezeiung,
ich weiß, was mir nach friedlichem Gedeihen blüht.
Da oben wacht ein scharfes Auge,
da unten brennt ein lichtes Feuer.
Und jemand schürt es munter -
jemand, den man nie betrügt.

Silberzauber

in Retroversen

Die erste Nacht in diesem frostigen November
war wie geschaffen für die düstere
und unheimliche Tat, die unser Graf,
Graf Mortimer, in Angriff nahm,
für die er sich nur noch zu sammeln hatte,
um sie mit der gewohnten Würde zu vollbringen.
Es half nichts mehr, zu grübeln, dachte er,
um Fassung ringend.
In diesem gottverlassenen Palast verbrachte er
die letzten, hoffentlich die letzten Stunden.
Um seinen Mund lag der berühmte Zug
der Mortimerschen Bitternis -
das Zeugnis des berüchtigten Geschlechts –
der traurige Beweis jahrhundertlanger Finsternis.

Das Feuer knisterte gemütlich
in dem prunkvollen Kamin -
der fast beleidigende Hinweis auf das letzte Licht
im Leben eines stolzen, unbeugsamen Wüstlings.
Er ging mit sich und seinem Leben ins Gericht -
so gnadenlos wie sich's für einen Mortimer gehört,
wenn er auf seinen Namen hört,
wenn ihn die Pflicht ruft.
Das war das Stichwort - Pflicht!
Der Epilog der Mortimerschen Chronik
war mit gebührendem Respekt
und Würde zu behandeln.

Die frostigen Novemberwinde heulten im Kamin
den Wölfen ihre Rufe vor.
Das nächtliche Geheule klang
wie eine Ouvertüre vor dem Geisterchor.
Der Fall der letzten Blätter flüsterte in piano
den tristen Hintergrund zu der Novembermelodie.
Und noch bevor er sich entschieden hatte,
wie er denn sterben sollte,
ging er zum Fenster, um der schicksalhaften Nacht
ein Zeichen zu entlocken.
Die ersten Flocken unverbrauchten Schnees
wird er, Graf Mortimer, nicht mehr erleben,
zumindest nicht in dieser Welt.
Kein Gold, kein Mortimerbefehl, kein Geld
würde die kalte, klare Nacht dazu bewegen,
ihm für den Abgang weißen Segen zu bescheren.

Was soll's! Er konnte Weiß und Schwarz
und alle Farben dieser Welt entbehren.
Es lag an dieser Nacht, ihn zu beraten, zu belehren.
Kein Weiß, kein Gold.
Das Silber ist die Farbe deiner Schuld!
Also kein Sturz ...

Wie kam er nur auf Silber,
fragen Sie, Madame, mit Recht.
Direkt vor seinem trüben Blick
erblühte in verheißungsvoller Silberpracht
das runde Siegel dieser frostigen
und schicksalsträchtigen Novembernacht.

Der Vollmond hing wie eine Silberscheibe
an des Himmels schwarzem Samt.
Das war die Wahl der Geister!
Der volle Ernst der Finsternis!
Sie flüsterten ihm ihre Botschaft zu.
Sie wollten ihm den Zugang zu der Hölle
nicht verwehren!
Sie riefen ihn, sie winkten ihm mit Silberflügeln zu.
Die dulden keinen Aufschub!
Und sinnlos wäre seinerseits ein Aufbegehren!

Er schob die Silberkugel
in den Lauf vom Mortimergewehr.
Er wollte Sicherheit, Endgültigkeit, Gewähr!
Wie glaubwürdig und wie symbolisch! –
dachte er und lachte bitter auf.
Die Finsternis beflügelt seinen Geist,
und seine Seele strebt bergauf!
So soll es sein!
Das böse Blut, das mondempfängliche Gemüt,
das schwarze Mortimergeblüt,
sei durch das Silber dieser Kugel
für alle Ewigkeit gebannt!

Fast hätte er sich vor dem Tod
noch seine adelige Hand verbrannt -
die Kerzenflammen flackerten wie aufgescheucht.
Wer hat da heiser, leise aufgeheult?
Von unsichtbarer Hand geschürt,
erblühten Feuerfackeln im Kamin.

Die selige My Lady, Lady Margaret,
bewegte sich und reckte sich
in dem vom Gold umrahmten düsteren Gemälde,
die von dem Meisterpinsel stammenden Gewänder
seidig raschelnd,
den überraschend zu ihr rüber eilenden,
sich selbst verbannten Sohn umarmend.

Der Schuss durchdrang
die Kühle der Novembernacht
und hallte durch die Geisterstille des Gemäuers,
begleitet vom Geheule aller Wölfe,
die sich zum Ankömmling der Finsternis gesellten.
In schwarzen Wellen strömte
die ersehnte Nachricht in die Welt,
die Feinde und die Erben
des Verblichenen erfreuend.
Das war's, Madame. Ich? Wer ich bin?
Der Butler und der Zeuge.
Ob ich der Erbe bin? Madame!
Wo denken Sie denn hin?
Wenn dieser Rabenvater je gewusst hätt',
wer ich bin …
Jawohl, ich flüstere es Ihnen gerne zu:
Ich bin sein Bastard.
Und hätte er's gewusst, so wär' er ausgerastet
und hätte sich nicht *einmal* umgebracht,
er hätt' sich *siebenmal* aus Wut erschossen.
Man stelle sich das vor - sein böses Blut
wär' ohne Ende uferlos geflossen!

Danksagung

Mein besonderer Dank gilt Isolde Schneider und
Annett Tschiedel, ohne deren Geduld und
Sachverstand dieses Buch nie zustande gekommen
wäre.
Ich bedanke mich ebenso herzlich bei Andrea Kohl,
Gerlinde Wert und Elvine Tita für ihre liebevolle
Unterstützung und Motivation.

Zeitfracht Medien GmbH
Ferdinand-Jühlke-Straße 7
99095 Erfurt, Deutschland
produktsicherheit@kolibri360.de